¡Hola, patos!

MARAVILLAS ANIMALES 49

LOS PATOS

KATE RIGGS

CREATIVE EDUCATION | CREATIVE PAPERBACKS

¡DEJA ALGO PARA
LOS DEMÁS!

tabla de contenido

Publicado por Creative Education y Creative Paperbacks
P.O. Box 227, Mankato, Minnesota 56002
Creative Education y Creative Paperbacks
son sellos editoriales de The Creative Company
www.thecreativecompany.us

Diseño de Wyeth Morgan
Dirección artística de Blue Design (www.bluedes.com)

Imágenes de flickr/Biodiversity Heritage Library, portada (centro); Getty Images/Bren Valero / 500px, 23, georgeclerk, 18–19, GK Hart/Vikki Hart, 10–11, rusm, 3, 20, 21, Siede Preis, 24, Stephan Gehrlein / 500px, 17; Pexels/Aidan Jarrett, 2, Brett Sayles, 6–7, Diana, 4, Emre Gencer, 13, Pixabay, 8–9, 14–15, quang nguyen vinh, 1, Santiago Saucéda González, 16; Unsplash/Karl-Heinz Müller, portada (derecha), Nick Fewings, portada (izquierda)

Cataloging-in-Publication Data está disponible en Library of Congress.
LCCN: 2024053406
Library Binding ISBN: 9798889898672
Paperback ISBN: 9781682779071
eBook ISBN: 9798889899464

Impreso en la India

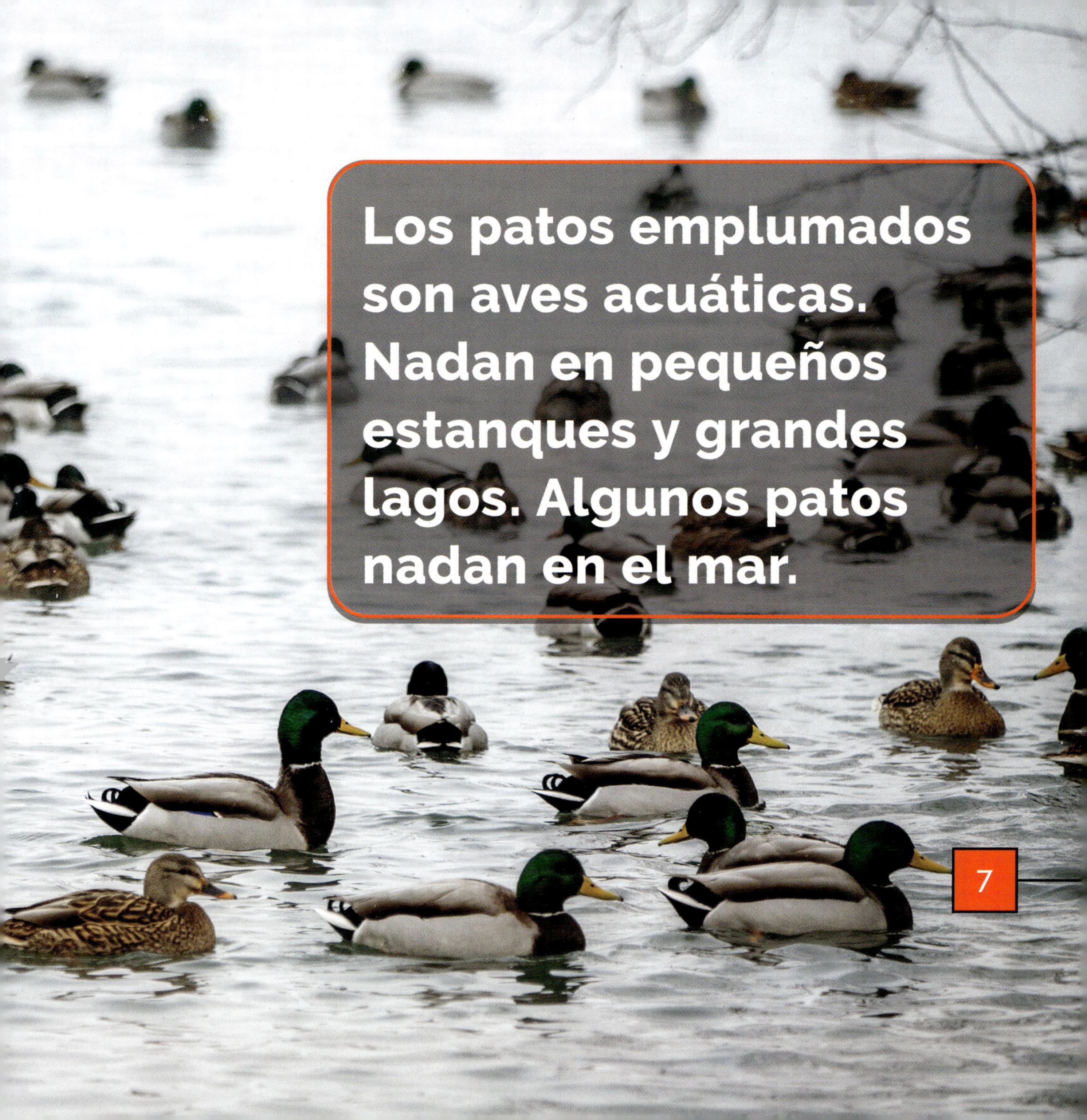

Los patos emplumados son aves acuáticas. Nadan en pequeños estanques y grandes lagos. Algunos patos nadan en el mar.

¿POR QUÉ TAN SOLO
NADAR CUANDO
PUEDO VOLAR?

El pato tiene un pico y dos patas palmeadas para nadar. Sus alas fuertes lo ayudan a volar.

Los patos pueden ser de muchos colores. Los machos son más coloridos que las hembras. Los ánades reales machos tienen una cabeza verde brillante.

¡LA MAYORÍA DE LOS QUE VIVIMOS EN GRANJAS SOMOS BLANCOS!

Los patos comen plantas acuáticas, peces e insectos. Encuentran semillas, bayas y gusanos en la tierra.

¡YO CONSIGO LAS PLANTAS!
¡YO CONSIGO LOS PECES!

LOS PATOS TIENEN ENTRE 8 Y 10 PATITOS A LA VEZ.

Los patitos jóvenes tienen plumas suaves y esponjosas. Se llaman plumones. Los patitos siguen a su mamá.

Los patos chapotean o bucean. Se llaman entre sí. Se alejan balanceándose al caminar.

¡HASTA LUEGO!

¡Adiós, patos!

Imagina un pato

ÁNADE REAL MACHO

PALABRAS QUE DEBES CONOCER

chapotear: alimentarse moviendo el pico en aguas poco profundas

palmeada: tener los dedos de las patas conectados por una piel plana

pico: pico aplanado de un pato u otra ave palmípeda

ÍNDICE ALFABÉTICO